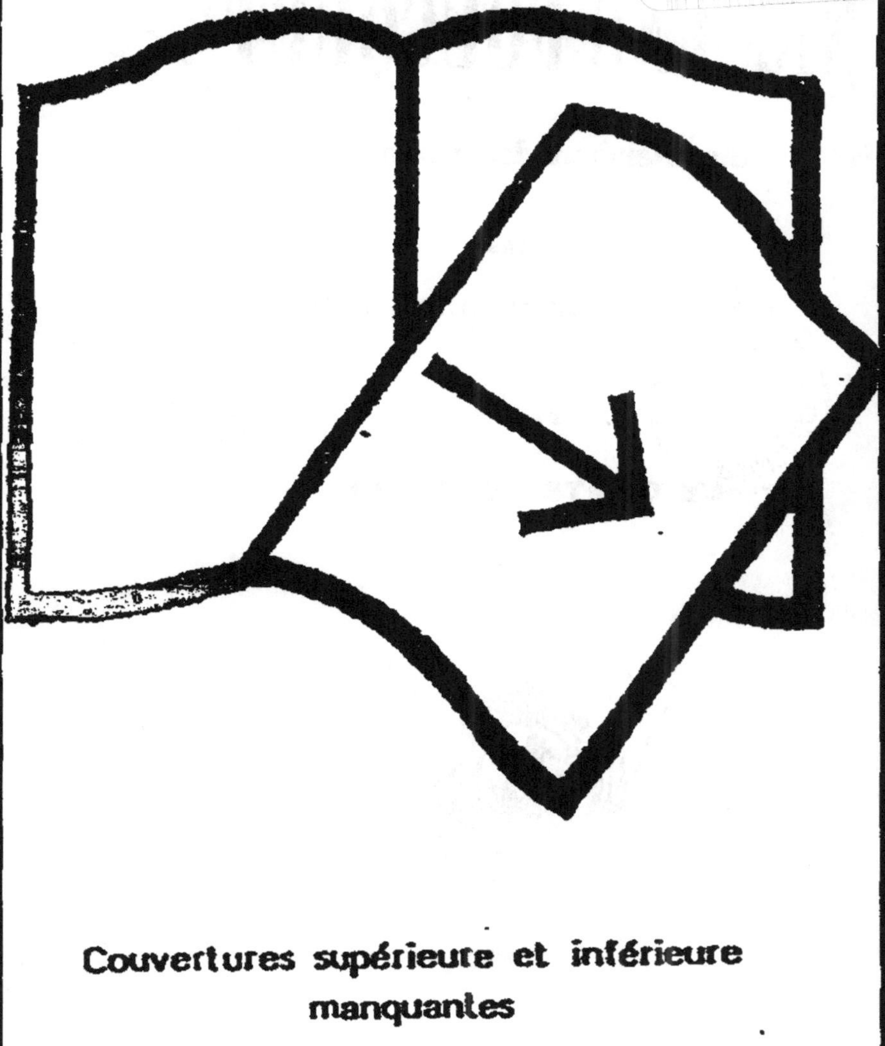

Couvertures supérieure et inférieure manquantes

NICOLAS FOUCQUET

Surintendant des Finances

D'APRÈS

L'OUVRAGE DE M. JULES LAIR

PAR

LE COMTE DE MARSY

COMPIÈGNE

IMPRIMERIE HENRY LEFEBVRE

31, Rue Solferino, 31.

1890

Extrait du Journal l'*ECHO DE L'OISE*
des 5, 9 et 12 septembre 1890.

NICOLAS FOUCQUET

Il existe, dans notre histoire nationale, un certain nombre de faits, et souvent des plus importants, qui, bien que rapportés soit par les écrivains contemporains, soit par les historiens des siècles suivants, restent encore en quelque sorte aujourd'hui à l'état de problèmes.

Beaucoup d'entre eux ont, depuis un demi-siècle, attiré à juste titre l'attention de nos érudits qui en ont cherché et souvent trouvé avec succès la solution.

De nouvelles sources ont été livrées aux travailleurs en même temps qu'une méthode plus rationnelle ouvrait une nouvelle voie à la critique. C'est ainsi que nous avons vu *tous* les grands faits de notre histoire, tous les personnages de premier ordre soumis à de récentes investigations, et — chose qui ne laisse pas que d'être digne de remarque — ce ne sont pas seulement des érudits de profession qui ont entrepris ces enquêtes, ce sont des hommes qui joignent à l'étude des sources et aux qualités littéraires, des aptitudes spéciales, et qui, à ce titre, marquent ou ont marqué dans les assemblées politiques, dans les administrations publiques ou dans la direction de grandes compagnies financières ou industrielles.

Le duc de Broglie a repris, par exemple, l'étude de la diplomatie du règne de Louis XV, M. Amédée Lefèvre-Pontalis nous a initiés à la question si délicate des Révolutions des Pays-Bas, M. Pallain a dévoilé une partie des secrets que renferme la correspondance de Talleyrand, M. Vuitry s'est efforcé de faire connaître l'histoire financière du moyen âge, etc...., aujourd'hui, M. Jules Lair nous donne un travail des plus complets sur Nicolas Foucquet, le célèbre surintendant des finances, le fastueux propriétaire de Vaux, détenu, pendant les vingt dernières années de sa vie, prisonnier à la Bastille et à Pignerol (1).

Dans une introduction, adressée à un des premiers administrateurs de notre époque, le baron Haussmann, l'auteur rappelle comment, après avoir étudié l'histoire de Mademoiselle de La Vallière (2), il s'est reproché le jugement trop sévère qu'il avait été amené à porter sur Foucquet, en s'appuyant sur des opinions reçues, et, par suite de quels scrupules, il avait poursuivi, pendant près de dix ans la révision de ce procès.

Initié aux recherches historiques par cet enseignement que l'Ecole des Chartes seule sait donner, en nous ramenant toujours aux sources, M. J. Lair, après avoir consacré de nombreuses années à l'examen de questions relatives à l'histoire du moyen âge, telles que la chronique du Dudon de Saint-Quentin et les origines de l'évêché de Bayeux, à l'étude des organisations administratives, à l'occasion de l'histoire du Parlement de Normandie pendant la Ligue, a su mettre à profit, dans son nouvel ouvrage, son expérience des affaires et les connaissances pratiques qu'il lui a été donné d'acquérir en dirigeant un de nos premiers établissements financiers et commerciaux.

Nous ne pouvons suivre pas à pas l'auteur dans ces deux gros volumes bourrés de notes et de citations et dans lesquels on trouve, non seulement la biographie de Nicolas Foucquet et l'histoire de sa famille, mais encore l'histoire financière et même politique des vingt-cinq ou trente premières années du règne de Louis XIV, ainsi qu'une série de chapitres sur des sujets spéciaux tels que la compagnie des *Cent-Associés*, l'origine des intendants, le contrôle des finances, et...., l'histoire du masque de fer. Aussi nous bornerons-nous à en donner un aperçu général et à glaner ensuite quelques faits, quelques

---

(1) Paris, Plon, 1890, 2 vol. in-8, avec portraits de Foucquet et de Talon.
(2) *Louise de La Vallière et la Jeunesse de Louis XIV*. Paris, Plon, 1882, in-12.

anecdotes concernant notre pays et pouvant plus particulièrement intéresser les lecteurs de l'*Echo de l'Oise*.

La somme de recherches faites par l'auteur est considérable. Il ne s'est pas borné à consulter les principaux dépôts publics de Paris, la Bibliothèque nationale dont les acquisitions les plus récentes, comme les cartons les plus ignorés du Cabinet des Titres lui sont familiers, les Archives nationales, le Dépôt de la Guerre et la source si riche et jusqu'à ces dernières années inexplorable des Archives des Affaires étrangères que M. Faugère gardait plus sévèrement encore que le Cerbère de la Fable. Les minutiers de plusieurs notaires de Paris, les chroniques manuscrites de ces bourgeois provinciaux, comme les De Haussy, de Péronne, les terriers et les archives particulières, M. J. Lair paraît avoir tout vu, tout mis en œuvre et, si nous avions quelques chicanes à lui adresser, ce ne pourrait être que pour quelques interprétations de noms de lieux et encore peut-être craindrions-nous de nous trouver battus, après l'avoir vu suivre sur les remparts de Nantes les traces du cardinal de Retz et examiner des hauteurs voisines de Pignerol les signaux que Foucquet aurait pu recevoir de ses affidés.

I

Nicolas Foucquet appartient à une famille connue depuis le milieu du xve siècle en Anjou et dont le premier représentant prit une part active aux guerres contre les Anglais sous Charles VII. Ses descendants se fixèrent à Angers, puis en Bretagne et à Paris. A la fin du xvie siècle, on les voit siéger dans les parlements de Paris et de Bretagne.

Le père de Nicolas, François, épousa une Maupeou ; il devint maître des requêtes puis conseiller d'Etat et fut un des collaborateurs de Richelieu pour la réorganisation de la marine. Il fit partie de cette compagnie des *Cent-Associés* qui devint plus tard la compagnie des Iles d'Amérique et dont, soixante ans après, sa veuve conservait encore les actions depuis longtemps dépréciées. C'était le Panama du temps.

Au cours d'une mission en Bretagne, François Foucquet fut désigné par Louis XIII pour faire partie d'une Chambre de Justice, juridiction exceptionnelle appelée à juger surtout les crimes de lèse-majesté et de concussion. Celle-ci condamna et fit exécuter le prince de Chalais. Moins d'un demi-siècle après, une autre Chambre de Justice devait à son tour condamner Nicolas Foucquet, enlevé à ses juges naturels par l'hostilité de Colbert et par la haine postume de Mazarin, et « des flots du sang de Chalais dont Richelieu fut couvert, une goutte retomba sur François Foucquet et ses enfants ! »

Né en 1615, élevé chez les Jésuites et destiné d'abord à entrer dans les ordres, Nicolas était à dix-huit ans conseiller au parlement de Metz. Maître des requêtes deux ans plus tard, il appartenait à ce corps à la fois administratif et judiciaire, dont, à Paris une partie des membres jugeaient, aux Requêtes de l'Hôtel, les affaires et les questions d'offices, ou siégeaient au Parlement, tandis que d'autres, vraie pépinière d'une administration encore en enfance, remplissaient les fonctions d'intendants de police, justice et finance, dans les provinces ou celles d'intendants et de commissaires du Roi aux armées.

C'est seulement à la veille de la Fronde que commence réellement le rôle de Foucquet. Jusque là, envoyé tantôt à Grenoble, tantôt en Catalogne et en Flandre, ou chargé de présider à Paris des commissions financières, il n'avait pas été mêlé à la politique générale et n'avait été appelé à occuper que des postes secondaires.

II

Désigné au début de la Fronde pour remplir les fonctions nouvellement créées et encore mal définies d'Intendant de Paris, Foucquet se trouva, par ses origines et par cette nomination, engagé dans le parti royal, bien qu'il ne cessât pas cependant de siéger à la grande chambre du Parlement parmi les maîtres des requêtes. Mais la situation ne tarda pas à s'aggraver, le parlement fit de beaux projets de réforme et notamment supprima les intendants, mesures auxquelles Mazarin répondit en proposant de supprimer le paiement des rentes, afin d'avoir plus d'argent disponible pour faire subsister les services publics.

Il faudrait entrer ici, avec M. Lair, dans un examen détaillé des procédés financiers mis en œuvre dans les premières années du règne de Louis XIV et continués malgré lui par Foucquet, pour expliquer la disgrâce du surintendant des finances Emery et les précautions prises par son associé Particelli pour mettre à l'abri des recherches du Cardinal la *cassette aux reçus*.

Le roi, ou mieux le gouvernement, quand il avait besoin d'argent, recourait aux emprunts faits à des particuliers, à la vente anticipée des fermes ou du revenu des impôts, parfois même à l'engagement des diamants de la Couronne et subvenait par des assignations, ou ce que l'on appelle aujourd'hui des bons du trésor, au remboursement des avances qui lui étaient faites. Seulement le roi n'empruntait pas lui-même et c'était le surintendant qui, comme nos Sociétés financières actuelles, souscrivait en quelque sorte d'avance l'emprunt, et pour y faire face, s'aidait du crédit de ses parents ou de ses amis, auxquels il donnait en garantie sa signature personnelle ou un engagement sur ses biens. Plus tard, il se couvrait auprès du souverain, en se faisant allouer des retenues sur les places disponibles, des parts dans les marchés, des pots-de-vin, pour appeler les choses par leur nom.

On comprend facilement quels étaient les côtés défectueux de ce système, qui ne fut réformé que plus tard par Colbert qui, soit dit en passant, en avait largement bénéficié avant d'en faire ressortir les inconvénients.

Toute l'histoire de Foucquet se résume en quelque sorte dans cette œuvre : remplir les caisses royales au moyen d'avances, et se faire rembourser ensuite ces avances. Il sut procurer pendant près de dix ans à Louis XIV des sommes considérables, mais ne réussit pas à les recouvrer et il y eut un moment où il était créancier de l'Etat de plus de neuf millions, dont les reçus seuls restèrent dans sa cassette.

Mais revenons à Foucquet, que la force des évènements et ses antécédents de famille et d'éducation vont entraîner à devenir l'un des ennemis les plus ardents de la Fronde.

Procureur général de la Chambre de Justice créée le 18 juillet 1648, Foucquet ne fut pas accepté par le Parlement, qui craignait son humeur conciliante et surtout son dévouement à la

Reine, au lendemain de la Journée des Barricades, il suivit la Régente et la Cour à Saint-Germain, et, dès lors, intendant de Paris hors de Paris, il devint l'intendant de l'armée chargé de reconquérir la capitale rebelle.

Nous ne suivrons ni Foucquet ni la Cour pendant les pérégrinations de la Royauté luttant contre les Parisiens. Le bel ouvrage de Sainte-Aulaire nous donne les grandes lignes de l'histoire de cette époque agitée, les mémoires de Retz, de Joly, de Dubuisson-Aubenay et de Navailles, la correspondance de Mazarin et les gazettes de Loret nous en font connaître les détails, mais nous espérons qu'un jour un de nos confrères écrira l'histoire de Compiègne pendant la Fronde et, ce jour-là, il pourra consulter avec fruit quelques chapitres du livre de M. Lair et recourir avec confiance aux nombreuses sources qu'il indique.

En 1650, Mazarin désirant placer à la tête du parquet du Parlement un magistrat qui serait réellement l'homme du roi, jeta les yeux sur Foucquet et décida Méliand à vendre à celui-ci sa charge de procureur général. C'est à dater de cette époque que Colbert et Foucquet furent mis en rapports par Mazarin. Relevons à ce propos un détail curieux pour les mœurs du temps. Au lendemain de sa nomination, les Gardes du corps des Merciers de Paris vinrent faire leur cour à Foucquet et lui offrirent douze aulnes de satin de Gênes noir que le nouveau procureur général accepta « sans violence et de bonne grâce, pour faire une robe à l'ordinaire. »

Le 5 février 1651, jour du second mariage de Foucquet, le parlement prenait décidément parti pour la Fronde. Tous les efforts de celui-ci tendirent alors à gagner du temps et à lasser les frondeurs. Il rendit à cette époque de nombreux services à la reine-mère ainsi qu'à Mazarin.

Au mois d'août 1652, le parlement était divisé entre Paris et Pontoise, la Cour était à Compiègne avec les ministres. C'est à cette date que se place le voyage dans notre ville du cardinal de Retz. Jugeant la Fronde perdue, le coadjuteur résolut de faire sa paix avec la reine, en venant recevoir la barrette qui consacrait son élévation au cardinalat. Mais, Mazarin et Foucquet veillaient : à peine Retz commençait-il à expliquer à la régente son plan de restauration de l'autorité royale qu'Ondedei venait gratter à la porte pour entretenir la souveraine d'affaires urgentes. Après lui, arrivait botté, tout poudreux, en pourpoint de toile, l'abbé Basile Foucquet, le rival de Retz auprès de Mademoiselle de Chevreuse. Le coadjuteur était joué, éconduit, mystifié, il retourna à Paris où le peuple qui ne s'arrête pas aux finesses de la politique lui fit une ovation aux cris de : Vive le Roi !

L'abbé Foucquet eut à cette époque une singulière aventure avec la duchesse de Châtillon, qui habitait le château de Mello, où naquit une prétendue conspiration que Bertaut et Ricous payèrent de leur vie. Il sut persuader à la duchesse qu'elle y était compromise et pendant deux mois, il courut avec elle de château en maison des champs, d'hôtel en couvent, prisonnière et gardien volontaires tous deux, se déguisant tantôt en cavaliers tantôt en religieux pour échapper à des poursuites auxquelles personne n'avait jamais songé.

Plus tard nous retrouvons, à l'automne de 1655, Madame de Châtillon mêlée aux négociations qui amenèrent le maréchal d'Hocquincourt, gouverneur de Péronne, Ham et Montdidier, à rentrer dans l'obéissance royale. Il y a là, dans les rôles joués par la duchesse de Châtillon, par Navailles et par Basile Foucquet les éléments d'une comédie spirituellement conduite et dont on voit Mazarin tenir les fils de Compiègne.

III

Le 2 janvier 1653, la mort de La Vieuville, surintendant des finances, offre à Foucquet une occasion de réclamer de Mazarin la récompense des services qu'il lui a rendus. Apparenté au monde de la finance par les Castille, les Jeannin et les Maupeou, Foucquet peut offrir le concours des membres de sa famille et être ainsi « l'homme de crédit dans le public. » Mais il n'est pas le seul compétiteur ; Servien, Le Tellier, Molé, le président de Maisons et même les maréchaux de L'Hôpital et de Villeroy se mettent sur les rangs. S'inspirant de la maxime de Richelieu qu'il est impossible à deux hommes jaloux l'un de l'autre de divertir les deniers de l'épargne, parce que chacun craint d'être découvert par son collègue, Mazarin nomme simultanément, au lendemain de sa rentrée à Paris, Servien et Foucquet comme surintendants. De plus, il leur adjoint comme commis ou contrôleur un marchand d'argent, né à Lyon de parents allemands, Herwarth.

De la collaboration de ces trois hommes naissent les combinaisons les plus variées, non pour équilibrer le budget, on n'y songeait pas alors plus qu'aujourd'hui, mais pour procurer au Trésor les ressources qui lui faisaient défaut. Au début, Foucquet devait avoir la trésorerie et Servien l'ordonnancement. Mais, Mazarin, passant sur les formalités, ne tarda pas à demander directement au premier les sommes qu'il voulait toucher chaque mois pour la guerre, la marine, l'artillerie, les ambassades, les suisses, le jeu, les ballets et... l'opéra. Toutes dépenses dont le cardinal se chargeait à forfait, sans entrer dans le détail, ni même en rendre compte aux surintendants, mais en ayant soin d'ajouter qu'il ne voulait ni assignations sur les places, ni billets à terme, rien que de l'argent comptant.

Nous n'en finirions pas s'il nous fallait expliquer les expédients auxquels durent recourir les surintendants et Mazarin pour rétablir en partie le crédit du roi dans les premières années qui suivirent la Fronde. Tantôt ce sont les monnaies dont on annonce la refonte et la dépréciation et que l'on offre cependant de racheter en échange de rentes, en attendant qu'après un court séjour dans les caisses, un édit vienne leur rendre leur ancienne valeur, tantôt c'est le clergé qu'il s'agit d'imposer, ou le marc d'or qu'il est question d'aliéner ; Mazarin parle d'emprunter sur ses pierreries et ses tapisseries, mais avec le désir de voir Herwarth ne pas mener à bien cette négociation, Colbert offre la dot de sa femme et le chancelier Séguier avance quelques fonds, mais sur gages. On est aux abois, comment subvenir aux frais de la campagne de 1656, comment subventionner les alliés et entretenir les troupes? Le 24 juillet 1656, Foucquet fait passer par Compiègne un convoi dirigé sur La Fère et les charrettes qui le composent renferment 900.000 livres en argent. On ne sait comment remercier le surintendant. « Il faut, lui écrit Mazarin, au nom du roi, que vous repreniez cette somme sur le premier argent qui viendra des affaires qui sont sur le tapis ». Cette lettre fut le seul profit que tira Foucquet de cette heureuse négociation et jamais il n'en reçut un sou.

Après avoir tracé le tableau de la situation des divers membres de la famille du surintendant à l'apogée de sa puissance en 1656, M. Lair entre dans d'intéressants détails sur sa vie et examine notamment les amours qu'on lui prête : A-t-il été l'amant ou seulement l'ami de Madame de Sévigné ? Mademoiselle de Trécesson fut-elle plus que sa confidente politique, enfin Madame Scarron a-t-elle vu Foucquet avant la mort de son mari ? M. Lair ne paraît ajouter foi à aucune de ses suppositions et sauf Madame de Brancas et une inconnue, on ne voit à Foucquet aucune maîtresse.

Les habitations du surintendant, son hôtel de la rue Michel-le-Comte, sa retraite de Saint-Mandé, son domaine paternel de Vaux, dont il fit rebâtir le château et qui devint un sujet d'envie pour tous les courtisans et même, dit-on, pour le roi, son domaine de Concarneau et enfin Belle-Isle-en-Mer, dont on lui a prêté l'intention de se faire roi, sont décrits avec grand soin.

Mais, au milieu de cela, Foucquet ne paraît pas avoir joui d'un bonheur réel, la mort de son fils aîné, ses préoccupations politiques et jusqu'à la responsabilité qui pesait sur lui, au moment du mariage de sa fille aînée avec le marquis de Charost, dans le jugement de Chenailles, conseiller au parlement, accusé d'avoir voulu vendre la place de Saint-Quentin à M. le Prince, lui causaient de nombreux soucis. Dans cette dernière affaire, il prononça un réquisitoire impitoyable, dont les termes devaient être un jour retournés contre lui. De même qu'il avait fait soumettre celui-ci au secret le plus absolu, privé de papier, de plumes et d'encre, sans pouvoir obtenir ni le secours d'un avocat, ni la communication des pièces de l'accusation, de même Talon devait en user avec lui quelques années plus tard. Puis vient le procès du cardinal de Retz trop connu pour qu'il soit nécessaire de s'y arrêter.

Et toujours le Trésor restait vide d'argent, mais bourré de papiers et à peine ces billets se convertissaient-ils en or, que l'or était absorbé par les fournisseurs des armées ou de la Cour.

Dès ce moment, en froid avec le Cardinal, Foucquet, prévoyant sa disgrâce, préparait sa défense et celle de ses amis, et désignait les villes où ses affidés trouveraient refuge, les places dont les gouverneurs lui appartenaient ou pouvaient être gagnés, toutes mesures imprudentes, consignées par écrit, et qui devaient un jour contribuer à sa perte.

Sa santé s'était gravement altérée ; à peine remis, il vient à Compiègne, le 28 juillet 1658 pour entretenir Mazarin de la situation financière et lui offre sa démission. Mais le Cardinal refuse. En 1659, la mort de Servien laisse libre une des deux places de surintendant. Mazarin promet d'abord à Foucquet de ne pas le remplacer, puis il se désigne lui-même comme son collègue.

Une fois de plus les caisses de l'État sont vides, les avances absorbées pour dix-huit mois ou deux ans. Foucquet et Herwarth demandent au Cardinal, qui a promis de leur venir en aide quand il en serait temps, de donner sa signature qui seule peut leur faire obtenir les fonds nécessaires. Mais le Cardinal est avare, et il craint de toucher à ses biens de La Fère, de Brouage, de Sedan et de Vincennes, à ses placements à l'étranger, il recule et renonce à la place, laissant Foucquet occuper seul la surintendance.

Le Roi est marié, Foucquet reçoit la nouvelle Reine à Vaux, Mazarin marie ses nièces et meurt, mais, dans ses derniers moments le Cardinal fait son testament et laisse au Roi tous ses biens, reconnaissant qu'ils viennent des libéralités de son souverain.

Dans un suprême entretien avec son confesseur, il lui donne la mission d'aller, après avoir consulté Colbert, donner le conseil au Roi d'ôter à Foucquet l'emploi des finances, de rechercher les malversations des gens d'affaires et de leur faire restituer le bien du Roi.

A ce moment même, Foucquet, redevenu plein d'espoir, cherche le moyen de recueillir la grande situation que laisse le mourant.

Pendant que Colbert s'occupe de l'exécution du testament du Cardinal, Foucquet, admis à traiter des affaires étrangères dans le Conseil, entame, sur l'ordre du Roi, de grandes négociations avec les rois d'Angleterre, de Pologne, de Suède, et est chargé de discuter le traité de commerce avec les Etats de Hollande. Mais cette nouvelle tâche fut de courte durée, car les ennemis de Foucquet, ayant Colbert à leur tête, avaient décidé de la perte du Surintendant.

Trop longs seraient à raconter les préliminaires du drame qui remplit tout le second volume de M. Lair.

IV

C'est à Fontainebleau, au moment où, après ses amours passagères avec les deux Mancini, on commença à combattre la passion qu'éprouvait le Roi pour Henriette d'Angleterre que nous voyons se nouer les intrigues qui vont amener la chûte de Foucquet.

Anne d'Autriche, Henriette de France et Madame de Chevreuse, tiennent conseil et décident que, sinon pour détourner le Roi de Madame, du moins pour empêcher que le scandale ne devienne public, il faut que Louis XIV fasse ostensiblement la cour à quelqu'une des demoiselles d'honneur de sa belle-sœur, et pendant que Foucquet songe à Mademoiselle de Menneville, la Reine choisit Louise de La Vallière.

Seulement, au lieu de galanteries passagères, celle-ci ne tarde pas à devenir et pour longtemps l'unique objet de la passion du Roi. Dans une remarquable étude que nous avons déjà mentionnée, M. Lair nous a donné avec une grande clarté et nombre de détails nouveaux, ce récit des amours de Louis XIV.

Dans son désir d'être agréable au Roi, Foucquet aurait-il fait à Louise de La Vallière des offres de service, des avances mal interprétées et reportées par celle-ci à Louis XIV ; c'est ce qui semble vraisemblable. Dévoré par la fièvre, à la veille d'une maladie qui menace de l'emporter, Foucquet n'est plus maître de lui, il commet fautes sur fautes, erreurs sur maladresses et Louise de La Vallière ayant raconté au roi ses discours qu'elle ne comprend pas et dans lesquels elle voit surtout le désir de Foucquet de pénétrer dans le secret de son cœur, Louis XIV croit voir un rival dans le surintendant et, sans vouloir provoquer d'explications, décide la perte de l'imprudent. Bien des ennemis, il faut le dire, se sont cachés derrière le Roi et ont excité sa colère, les uns par jalousie, les autres par intérêt personnel.

Mais, il est difficile de poursuivre le procureur général du parlement, aussi obtient-on de lui la cession de sa charge à M. de Harlay, et en même temps le Roi accepte l'invitation de venir à Vaux où le surintendant lui offrit une fête splendide, dont tous les écrivains de l'époque nous ont conservé le récit. Toutefois, faisons remarquer que Louis XIV connaissait déjà Vaux où il était venu à plusieurs reprises et que l'on ne peut attribuer à la vue de ce château et des splendeurs de ses ameublements l'exaspération du souverain.

Impromptu de Molière, festin superbe servi dans une argenterie des plus luxueuses et dans laquelle on remarqua un sucrier en or (ce que le Roi ne possédait pas), feu d'artifice composé d'une nuée de fusées et de serpenteaux, rien ne manqua à cette fête, pendant laquelle couvait l'orage qui ne devait pas tarder à éclater.

En effet, à la fin d'août, Louis XIV partait pour Nantes où il devait tenir les Etats de Bretagne ; Le Tellier, Colbert, Foucquet et Lionne l'accompagnaient. L'arrestation du surintendant était décidée et, au lendemain du jour où il obtenait des Etats de Bretagne un don gratuit de trois millions pour le Roi, D'Artagnan, porteur d'ordres signés de Le Tellier, l'arrêtait sur la place de la Cathédrale. Ses papiers étaient saisis à la fois à Paris, à Vaux, à Saint-Mandé, chez ses amis, sa caisse ouverte (mais elle ne renfermait pas un sou vaillant), sa femme exilée à Limoges, et ses enfants quasi jetés sur le pavé, sans la pitié de M. de Brancas.

Huit jours plus tard, la surintendance était supprimée et remplacée par un conseil des finances, une Chambre de Justice était établie le 15 novembre avec mission de poursuivre les abus et malversations commises dans les finances depuis 1635. Elle devait rechercher et punir aussi « tous les crimes et délits commis à l'occasion d'icelles par quelques personnes et de quelque qualité qu'elles soient ». Denis Talon était désigné pour y remplir les fonctions de procureur général et le chancelier Seguier celles de président. Des magistrats, triés sur le volet dans les divers parlements et dans d'autres juridictions, étaient choisis pour la composer.

Foucquet, transféré d'abord à Angers, puis à Amboise, était prisonnier à Vincennes, soumis au secret le plus absolu, privé de papier, d'encre et de livres. En trois mois ses cheveux naguères bruns avaient complètement blanchi.

Pendant six mois, on ne lui notifie aucun acte de procédure ; à ce moment seulement on lui fait subir un premier interrogatoire de forme, dont on refuse de lui laisser copie.

Nous ne pouvons suivre par le menu toute cette procédure, qui ne dure pas moins de trois ans et dans laquelle Foucquet trouve réponse à toutes les questions, prépare une défense qui ne comprend pas moins de seize volumes et qu'il rédige sans notes, sans documents avec ses seuls souvenirs, récusant le chancelier, s'inscrivant en faux contre les procès-verbaux, argumentant contre Chamillart, nommé procureur général à la place de Talon et lui reprochant tantôt de ne pas lui faire voir sa commission, tantôt d'ignorer l'orthographe. Quelques lignes de cet interrogatoire sont curieuses à rapporter. « Le Roi, dit Chamillart ne m'a choisi que pour faire justice. — Soit, réplique l'accusé, mais je ne suis pas persuadé que ce changement ait été fait pour mon plaisir. C'est assez que mes ennemis vous aient choisi pour motiver quelque suspicion. — Et, à ces mots de Chamillart, qui, précédemment était chargé de poursuivre la réformation des abus des maîtres des eaux et forêts, *Monsieur, je travaillais dans la forêt de Compiègne, quand le Roi m'a nommé sans entremise de personne.* — Foucquet, faisant allusion aux récents actes de brigandage qui avaient été commis dans nos environs, termine l'entretien en lui disant : *Ce mot de forêt m'est suspect, il suffit à désigner qui vous a mis en votre place.* »

Pendant que s'instruisait le procès de Foucquet, quelques autres affaires étaient soumises à la Chambre de Justice. Dans le nombre, il en est une qui concerne des personnages de notre pays et qu'à ce titre nous résumerons en quelques lignes :

« On détenait dans les prisons de Paris, dit M. Lair, un homme appelé Dumont, ancien receveur des tailles à Crépy (en Valois). Arrêté en décembre 1662, il avait été en janvier 1663 jugé et condamné à mort, pour crime de péculat, par un de ces sous-commissaires qui remplaçaient en province la Chambre de Justice. Celui-là se nommait Charmolue, trésorier de

France à Soissons, homme non gradué et assisté, pour la forme, d'un juge choisi par lui. L'affaire était depuis lors en appel devant le Parlement. Si l'on parvenait à faire confirmer la sentence, quel préjugé contre Foucquet! »

Sans entrer dans les détails du procès, auquel nous fait assister notre auteur, faisant connaître et l'interrogatoire de l'accusé et l'opinion des juges, qu'il nous suffise de dire que Dumont fut condamné, par treize voix contre huit, « pour crime de péculat et de concussion à être étranglé. » Le soir même, une potence était dressée au carrefour de la Bastille et on y pendait ce malheureux. « Le receveur des tailles de Crépy avait été pris comme un mannequin qu'on voulait balancer à la potence devant les fenêtres de la prison de Foucquet. »

Au bout de ces trois années, le procès du surintendant était terminé, l'instruction, les interrogatoires, les rapports étaient achevés, les délibérations durèrent cinq jours, pendant lesquels les avis les plus divers furent émis, appuyés sur des textes et des opinions de tout genre, les uns rappelant le procès de Verrès et citant Cicéron et Tite-Live, les autres invoquant les pères de l'Eglise ou le témoignage de saint Louis. Nous n'en citerons que quelques-uns. Sainte-Hélène déclare que Foucquet mérite d'être pendu, mais par concession, eu égard à sa naissance et à ses dignités, il consent à ce qu'on lui tranche la tête sur un échafaud devant la Bastille et à ce que ses biens soient confisqués ; plusieurs suivent son avis, d'autres, excusant le surintendant, ne réclament que le bannissement ou la relégation, un d'entre eux, voulant le punir par où il avait péché, c'est-à-dire dans son orgueil, propose de raser Vaux, d'en abattre les bois, d'en rompre les fontaines et d'en combler les fossés.

Enfin, malgré une violente pression et les vives sollicitations de ses ennemis, au milieu de décembre 1664, Foucquet ne fut condamné par la Chambre, qu'au bannissement hors du royaume, et à la confiscation de ses biens. Condamné en fait, il était acquitté en droit.

Louis XIV ne cachait pas que, si Foucquet eut été condamné à mort, il l'aurait laissé mourir et Colbert craignait, qu'une fois en liberté, il ne publiat hors de France des écrits, des libellés contre Mazarin et contre lui ; aussi suggéra-t-il au roi l'idée de *commuer* la peine du bannissement en celle de la *prison perpétuelle*, à cause du danger qu'il y avait à laisser sortir Foucquet du royaume, vu la connaissance particulière qu'il avait des affaires les plus importantes de l'Etat, singulière commutation, on le voit, que celle qui devait jusqu'à sa mort priver un homme de sa liberté et le faire maintenir pendant de longues années dans le secret le plus étroit, en laissant même pendant longtemps ignorer à sa famille ce qu'il était devenu.

La Chambre de Justice n'avait eu, en réalité, pour objet, que le jugement de Foucquet et s'il lui avait été donné, au civil, de supprimer un million sur les tailles, et d'opérer un petit nombre de réformes utiles, elle n'avait, au criminel, jugé que des contumaces comme Bruant et Gourville et condamné à mort que quelques misérables comme ce Dumont, de Crépy, dont nous avons parlé. Elle n'avait pas su trouver Foucquet assez criminel pour le faire mourir, aussi son épuration fut-elle d'abord décrétée, et plus tard elle ne resta qu'à l'état de fantôme pour enregistrer des décisions imposées et rendre des arrêts faits d'avance chez le contrôleur général.

V

Le 27 décembre 1664, les formalités de la lecture de l'arrêt étaient remplies à la Bastille. Le même jour, un carrosse sortait de la prison aux acclamations du peuple, dans l'esprit duquel un revirement s'était fait en faveur du prisonnier. D'Artagnan conduisait Foucquet à Pignerol, et le 16 janvier 1665, ils arrivaient dans cette petite place du Piémont, cédée à Louis XIII, à la suite d'une négociation à laquelle le père de Foucquet avait pris une part active.

Le gardien qui ne devait le quitter qu'au lit de mort était Louis d'Auvergne, sieur de Saint-Mars, son parent éloigné, ce que tous deux paraissent avoir toujours ignoré.

Peu de temps après sa détention, Foucquet échappa à une terrible explosion qui ébranla le donjon de Pignerol jusque dans ses fondements et Ménage s'autorisait de cet événement pour solliciter, en vers latins, la grace de Fouc-

quet dans une pièce qu'il adressait à Louis XIV. Le Roi devait rester sourd à cette supplique ainsi qu'à toutes celles qui lui seraient présentées en faveur de son ancien ministre. Cet évènement devait même rendre Foucquet l'objet d'une surveillance plus rigoureuse, car, dans le dossier d'un fauteuil brisé, on avait trouvé des papiers écrits avec une encre sympathique.

La température glaciale de Pignerol pendant l'hiver autant que la chaleur concentrée au milieu des rochers pendant l'été ne tardèrent pas à altérer la santé de Foucquet, et les deux valets qu'on avait placés auprès de lui en souffraient également. En 1670, Laforêt, son ancien serviteur, chercha à s'introduire dans le château dans le but de le délivrer, mais sa tentative fut découverte et Foucquet put voir son corps balancé à la potence. Du reste sa résignation était des plus grandes et Saint-Mars pouvait écrire de lui à Louvois « M. Foucquet est un agneau. »

Il n'en disait pas autant d'un autre prisonnier qui lui avait été envoyé en 1671, Lauzun, dont la principale occupation fut de faire endiabler son gardien. Les ordres les plus sévères avaient été donnés pour empêcher les deux prisonniers de communiquer, et cependant, un jour, Lauzun, dans son esprit inventif, trouva le moyen de pénétrer dans la chambre de Foucquet et chaque jour il y revenait, lui racontant ce qui s'était passé depuis quinze ans qu'il était séparé du monde.

En 1679, Lauzun et Foucquet furent autorisés à communiquer ensemble, mais ce ne fut qu'après la mort de ce dernier que Saint-Mars trouva la cachette qui leur servait de passage pour aller de l'un chez l'autre.

Pendant les quatre dernières années de sa vie, l'existence de l'ex-surintendant devint plus tolérable, bien qu'il fut toujours maintenu dans le secret le plus absolu ; il fut autorisé à recevoir des nouvelles de sa femme et de sa mère, et il reçut papier et encre avec la permission d'écrire à Louvois. Il en profita aussitôt pour rédiger des projets financiers et même des pièces de vers.

Enfin, le 23 mars 1680, une apoplexie emporta subitement Nicolas Foucquet, au moment où on faisait espérer à sa famille quelque adoucissement à sa position.

Dans sa prison, Foucquet avait employé son temps à méditer longuement sur les Saintes Ecritures, à distiller, à composer des remèdes, à se soigner, à droguer ses valets et à leur apprendre à lire.

Plusieurs de ceux-ci sont connus, mais il en est un, prisonnier envoyé de Dunkerque en 1669, installé d'abord dans un cachot, au-dessus de la cave, au sujet duquel de grandes précautions devaient être prises, et que l'on devait surtout ne pas laisser s'entretenir avec Lauzun. Ce personnage, connu sous le nom d'Estache Dauger, paraît avoir été « un de ces hommes qu'on charge de missions louches, enlèvement de pièces ou de personnes et peut-être pis encore, et dont, le coup une fois accompli, on assure le silence par la mort ou par la prison. » M. Lair s'attache à démontrer que c'est lui qui fut le prisonnier confié à la garde de Saint-Mars à Exilles, aux Iles Sainte-Marguerite et à la Bastille et qui a donné lieu à la légende du Masque de fer, légende qui, dit-il, manque de vérité, en tout cas, car il n'y eut pas un personnage unique portant un masque de fer ou mieux de velours, mais chaque fois qu'un prisonnier notable, ou qu'on ne voulait pas laisser connaître, voyageait, on prenait la précaution de lui couvrir la figure d'un masque.

Dans un dernier chapitre, M. Lair examine la destinée des descendants de Foucquet jusqu'à l'époque voisine de nous où les derniers d'entre eux ont disparu.

Il nous montre d'abord la famille ruinée, amoindrie, réunie en 1680 autour de la vieille grand'mère Marie de Maupeou, qui désire leur partager le peu de biens qui lui restaient avant de se retirer au Val-de-Grâce où elle mourut. Il nous retrace les alliances fort honorables à coup sûr, mais peu fortunées de deux des enfants du surintendant avec les d'Uzès et les Lévis et le mariage d'un troisième avec la fille de la célèbre Madame Guyon.

Puis nous voyons la famille Foucquet remonter à l'apogée de sa grandeur avec Charles Foucquet, comte et plus tard duc de Belle-Isle, pair et maréchal de France, petit-fils du surintendant, et avec son fils le comte de Gisors, dont M. Camille Rousset a retracé la mort héroïque dans des pages que tout le monde a lues.

Singulier rapprochement et comme on en trouve beaucoup dans le livre de M. Lair, et par lequel nous finirons. Le comte de Gisors, à la veille de sa mort, venait d'épouser la fille aînée du duc de Nivernais, la petite fille de l'héritier de Mazarin.

Si M. Lair s'est attaché surtout à faire ressortir l'innocence du surintendant et l'injustice de sa condamnation, tout en faisant une large part à des fautes et à des imprudences que l'on ne saurait excuser, nous pouvons finir cette longue analyse de ce grand ouvrage en lui appliquant cette épigraphe bien connue : *Ceci est un livre de bonne foi.*

Compiègne. — Imprimerie Henry Lefebvre.

www.ingramcontent.com/pod-product-compliance
Lightning Source LLC
Chambersburg PA
CBHW071432060426
42450CB00009BA/2139